O tatu cavaleiro

O tatu cavaleiro
Tieloy

Coleção Tieloy conta uma história

FEB

Copyright © 1994 by
FEDERAÇÃO ESPÍRITA BRASILEIRA – FEB

1ª edição – 3ª impressão – 1 mil exemplares – 8/2014

ISBN 978-85-7328-424-9

Todos os direitos reservados. Nenhuma parte desta publicação pode ser reproduzida, armazenada ou transmitida, total ou parcialmente, por quaisquer métodos ou processos, sem autorização do detentor do copyright.

FEDERAÇÃO ESPÍRITA BRASILEIRA – FEB
Av. L 2 Norte – Q. 603 – Conjunto F (SGAN)
70830-106 – Brasília (DF) – Brasil
www.feblivraria.com.br
editorial@febnet.org.br
+55 61 2101 6198

Pedidos de livros à FEB
Gerência comercial – Rio de Janeiro
Tel.: (21) 3570 8973/ comercialrio@febnet.org.br
Gerência comercial – São Paulo
Tel.: (11) 2372 7033/ comercialsp@febnet.org.br
Livraria – Brasília
Tel.: (61) 2101 6161/ falelivraria@febnet.org.br

Texto revisado conforme o Novo Acordo Ortográfico

Dados Internacionais de Catalogação na Publicação (CIP)
(Federação Espírita Brasileira – Biblioteca de Obras Raras)

T562t   Tieloy, 1935-

         O tatu cavaleiro / Tieloy; [ilustrações Andréia Hecksher]. 1. ed. – 3. impressão – Brasília: FEB, 2014.

         47 p.: il. color.; 21 cm – (Coleção Tieloy conta uma história; v.1)

         ISBN 978-85-7328-424-9

         1. Literatura infantil espírita. I. Hechsher, Andréia. II. Federação Espírita Brasileira. III. Título. IV. Coleção.

                                                                  CDD 028.5
                                                                  CDU 087.5
                                                                  CDE 81.00.00

Agradeço à Tia Lili pelo "Eia assus! avante!", sem o qual, talvez, o presente trabalho não fosse possível.

As crianças têm o dom de nos transformar em "Tios" e, realmente, não dá para descrever a emoção de ser o "Tio" de todas elas.

Tieloy

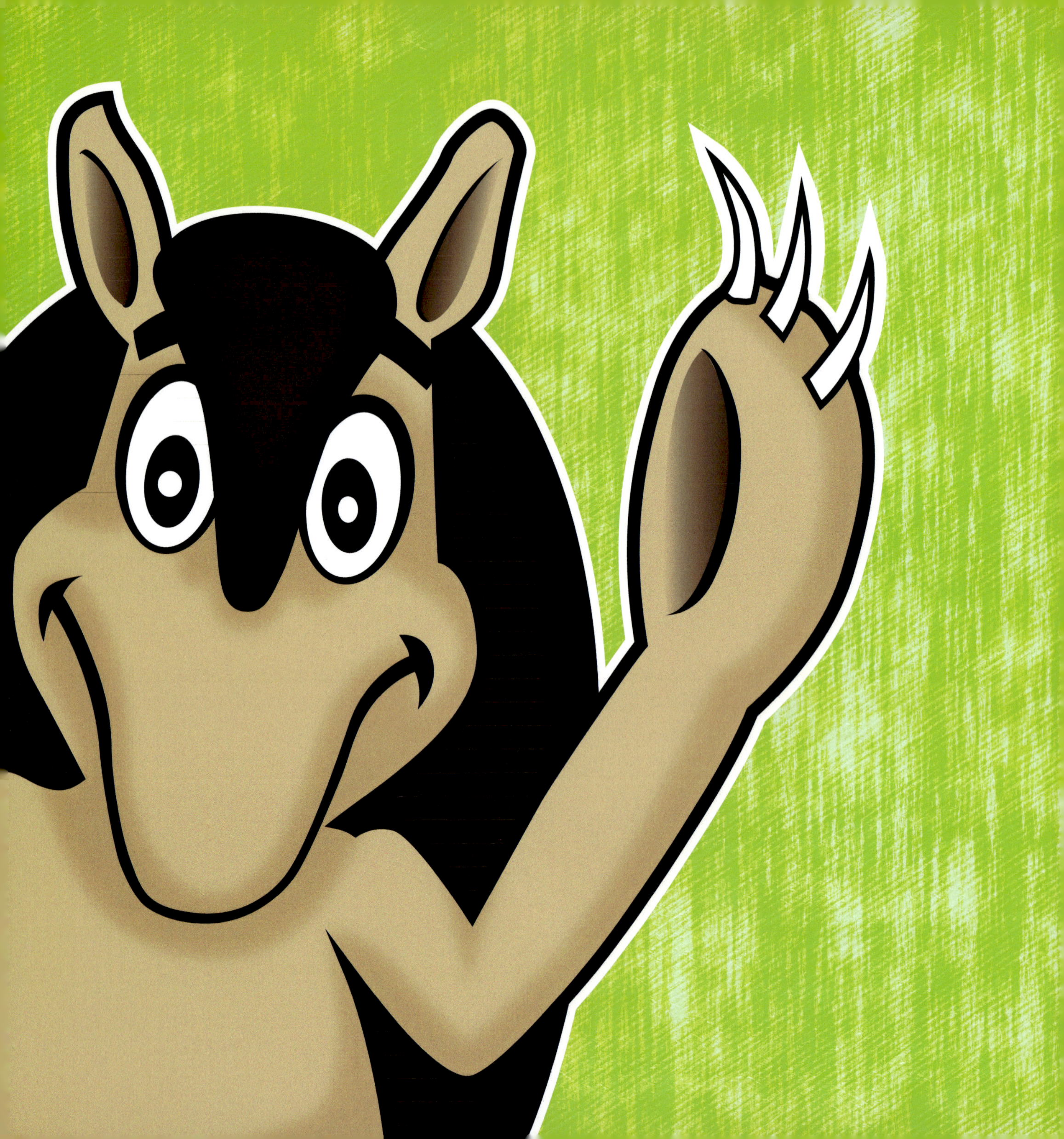

Era uma vez um Tatu

Você sabe o que é um tatu? Tatu é um bicho simpático que tem uma casca muito dura e vive em tocas que ele mesmo cava na terra.
Se ele é grande?

Não! Não é grande. Mas também não é pequeno. Vamos ver! Podemos dizer que ele é maior do que um camundongo e menor do que uma vaca.

Ainda não dá para saber o tamanho do tatu?

E se eu disser que ele é maior do que um gato e menor do que um cachorro?

Ah! Tem cachorro de todos os tamanhos, não é? Mas eu estou falando de um cachorro mais ou menos.

Já percebeu? Ainda não? Bem..., isso também não tem muita importância! O importante é que o tatu da nossa história vinha marchando pelo mato, cantando a sua canção:

Sou tatu! Sou tatu!
Vivia cavando o chão.
Era sujo para chuchu.
Não tomava banho, não!

Agora mudei de rumo.
Sou um tatu bem maneiro.
Sempre andando com aprumo,
eu quero ser cavaleiro.

Sai da frente! Sai da frente!
Deixa passar o tatu.
Vou garboso! Imponente!
Vou valente para chuchu.

Vou falar com nosso Rei
e mostrar que estou à altura,
pois nasci, conforme a lei,
com esta linda armadura.

Vou deixar de ser plebeu
e ser nobre tatuzão.
Cavaleiro como eu
não cava mais terra, não!

Sai da frente! Sai da frente!
Deixa passar o tatu.
Vou garboso! Imponente!
Vou valente para chuchu.

E lá vinha ele, nessa cantoria, quando passou pelo macaco que também cantava e fazia mil e uma macaquices, dançando e pulando num pé só.

Sou macaco, sou arteiro!
Minha maior alegria
é passar o dia inteiro
só fazendo estrepolia!

Tau tau! Zinguidun tau tau!
Eu sou macaco matreiro.
Mas não sou de todo mau,
só esperto e faroleiro!

O que eu quero é liberdade,
assim mesmo, tal e qual.
Só faço a minha vontade.
Mas a ninguém faço o mal!

Tau tau! Zinguidun tau tau!
Eu corro toda a floresta
pulando de pau em pau,
sorrindo e franzindo a testa!

Ao ver o tatu, o macaco parou de cantar.
— Bom dia, Senhor Tatu! – cumprimentou ele.
— Muito bom dia, Senhor Macaco.
E o tatu continuou andando.
— Um momento, por favor! – pediu o macaco.
— Aonde vai assim tão garboso, com o peito estufado e marchando feito um soldado?

— Vou procurar o Rei – respondeu o tatu interrompendo a marcha.

— O rei? E para quê?

O tatu estufou ainda mais o peito.

— Vou pedir ao rei que me nomeie cavaleiro. Desses que andam pelo mundo ajudando os fracos e oprimidos.

O macaco arregalou os olhos.

— Que coisa mais linda! Mas... será que o Rei vai atender-lhe o pedido? Olha que é muita honra para um simples tatu!

— Claro que vai! – afirmou o tatu. – Fique sabendo que eu não sou um simples tatu, como diz o senhor. Eu já nasci pronto para ser cavaleiro. Basta apenas que o Rei me nomeie.

— Já nasceu pronto? E eu posso saber por quê?

— Lógico! – respondeu o tatu. — Olhe bem para mim. Tenho a pose e a imponência de um cavaleiro! Além do mais, eu já tenho até a armadura. Nós, os tatus, somos destinados a ser grandes guerreiros e já nascemos com armadura! O mundo espera que eu seja um cavaleiro e realize muitas e muitas façanhas!

O macaco ficou todo admirado.

— Está certo! Desculpe-me! Eu acredito que o senhor será um cavaleiro bem façanhudo, mas... inda que mal lhe pergunte, que é de seu escudeiro?

— Escudeiro? O que é isso, Senhor Macaco? De que é que o senhor está falando?

— Ora! – esclareceu o outro. — Então o senhor não sabe? Escudeiro é o ajudante do cavaleiro. Todo cavaleiro precisa ter escudeiro. Isso é o que diz a lei! Sim, senhor! Todo cavaleiro precisa ter escudeiro! Nem mais, nem menos!

O tatu pensou um pouco e baixou a cabeça muito triste.

— Eu tenho armadura, mas escudeiro eu não tenho! E nem sei

onde vou arranjar! Já vi que não vai dar certo. O Rei não vai gostar. Ele vai perguntar se eu não me enxergo e isso vai ser muito humilhante para mim.

    O macaco era muito brincalhão, mas também era muito prestativo e nunca se recusava a ajudar um amigo, por isso foi logo oferecendo auxílio.

    — Não fique triste, Senhor Tatu. Eu estou disposto a ajudá-lo. Fico sendo o seu escudeiro. Eu gosto de liberdade e sou contrário a receber ordens, mas o senhor tem uma missão muito importante e é justo que tenha ajuda. Pode contar comigo!

    — Viva! – gritou o tatu todo contente. — Agora sim! Tenho armadura e tenho escudeiro. Preparem-se todos que aí vou eu! Vamos andando, Senhor Macaco! O tempo é curto e o mundo está esperando!

    E lá se foram os dois, o tatu seguia na frente, todo garboso, marchando igual a um soldado e o macaco seguia atrás, fazendo todo tipo de macaquice.

— Um, dois! – gritava o tatu.
— Três, quatro! – respondia o macaco.
Não demorou muito, encontraram um cateto, que é um tipo de porco-do-mato, e este dançava miudinho, dando pulinhos curtos e berrando com sua voz de porco comilão:

ôôôôôôh! Vida! Tão ferida e tão sofrida.
Mas que beleza de vida,
se ela for assim vivida!

E como? Se eu como... como...
Minha vida é só comer...
Sem prisão e sem ter dono,
minha alegria é viver!

Assim comendo, assim dançando,
assim cantando!
Vou vivendo, o tempo todo, aproveitando!

ôôôôôôh! Vida! Tão ferida e tão sofrida.
Mas que beleza de vida,
para ser assim vivida!

Como eu como? Eis o recado,
você aprende também:

põe na boca um só bocado
e mastigue muito bem!

Com muita paz, muita sombra e muita boia!
Eu vou vivendo, a vida alegre e sem tramoia!

O cateto não se conteve ao ver os dois caminhando tão apressados. Foi logo perguntando aonde iam.

— Vamos até o Rei para ele me nomear cavaleiro – informou o tatu. — O mundo está precisando de quem o defenda dos opressores e imponha a ordem e a decência. Os fracos e oprimidos esperam um cavaleiro que lhes garanta justiça e dignidade!

— Cavaleiro? Barbaridade!! – admirou-se o cateto. — Mas isso é muito difícil! Será que o Rei vai atendê-lo?

— E por que não? Eu já tenho armadura e já tenho escudeiro. Não falta mais nada! – garantiu o tatu.

— Ah! Isso é que falta! – afirmou o cateto. — Falta sim! Onde está a sua montaria?

— Montaria? Mas, Senhor Cateto, eu não preciso de montaria. Nunca precisei! Além do mais, onde é que eu vou arranjar montaria?

— Isso eu não sei mesmo! Mas todo cavaleiro tem que ter montaria! Onde já se viu cavaleiro a pé? Então o senhor tem coragem de procurar o Rei e pedir para ser nomeado cavaleiro sem ter montaria? Francamente, Senhor Tatu! O senhor é muito cara-de-pau!

Novamente o tatu ficou triste e começou a lamentar-se:

— Eu tenho armadura e tenho escudeiro, mas montaria eu não tenho. Foi bom o senhor ter falado nisso, porque eu ia passar a maior vergonha na frente do Rei. É claro que ele iria rir de mim. Eu sou um infeliz! Melhor desistir e voltar para casa. O mundo ficará sem ter quem o defenda!

O cateto, que era um porco, mas não era um porcalhão, tinha um coração de manteiga, vivia ajudando os outros, e foi logo se oferecendo:

— Por isso não! O senhor vai falar com o Rei e ele não vai rir! Eu vou junto e serei a sua montaria. Posso ver que é uma boa causa e estou disposto a sacrificar-me. Pode subir nas minhas costas. Vai ser duro, eu sei, mas é a vida. Ôoh! Vida!

O tatu não esperou nova oferta e foi logo montando nas costas do porco e gritando:

— Não vamos perder mais tempo! O mundo está cheio de malfeitores! Em frente!

Agora eram três a seguirem pela trilha da mata: o tatu, muito imponente no alto de sua montaria, o cateto suando em bicas com o peso do tatu e o macaco fazendo caretas e macaquices sem conta.

Um pouco mais adiante os três viram uma cobrinha toda enrolada, bem no meio do caminho, e o tatu ordenou, lá do alto de sua montaria:

— Sai da frente, Dona Cobra!

A cobra, que estava muito distraída, nem se apercebeu de nada e continuou cantando, fazendo biquinho para disfarçar a boca que era grande demais:

Se esta mata fosse minha,
eu a mandava enrodilhar.
Em rodilha redondinha.
Só para vê-la se enrolar.

Hu! Hu! Hu! Hu!
Assusto bicho para chuchu!
Fico como uma bola
colorida, mas que não rola.

Justamente, bem justinha,
com justiça e com justeza.
Enrolada, enroladinha,
eu e toooda natureza.

Hu! Hu! Hu! Hu!
Assusto bicho para chuchu!
Mas de mim não tenha medo,
o que eu faço é só brinquedo.

Justo, assusto a bicharada,
todos correm em disparada!
Curto o susto muito a custo.
Mais além já vem alguém!

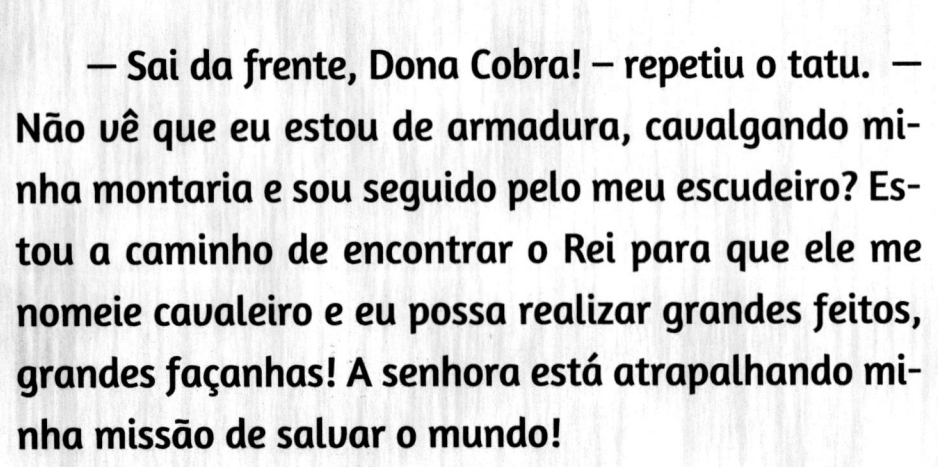

— Sai da frente, Dona Cobra! – repetiu o tatu. — Não vê que eu estou de armadura, cavalgando minha montaria e sou seguido pelo meu escudeiro? Estou a caminho de encontrar o Rei para que ele me nomeie cavaleiro e eu possa realizar grandes feitos, grandes façanhas! A senhora está atrapalhando minha missão de salvar o mundo!

A cobra ficou onde estava, não se arredando.

— Mas... justamente, você não pode ser nomeado cavaleiro – afirmou ela, muito calma.

— E por quê? – admirou-se o tatu. — Eu tenho armadura, montaria e escudeiro. Não falta nada! Sai da frente, sabichona!

— Sabichão é justamente você – respondeu a cobra sem se alterar. — Onde já se viu cavaleiro da justiça sem uma justa espada?

Dessa vez o tatu se espantou.

— Espada? Mas... Deus do céu! Espada!!

A cobra deu um risinho de pouco caso.

— Justo! A espada é justamente o principal. Sem espada, o Rei não vai nem olhar para você, com toda a justiça!

As lágrimas começaram a escorrer dos olhos do tatu.

— Eu sou mesmo um infeliz! Comigo tudo tem de ser mais difícil! Eu tenho escudeiro, montaria e armadura, mas, realmente, espada eu não tenho. Vou ter que voltar para casa, pois não posso ser cavaleiro.

A cobra, outra boa alma, dessas que tornam a vida dos outros mais fácil um pouquinho, ficou com pena do tatu.

— O senhor, com toda a justeza, ainda pode ser cavaleiro, Senhor Tatu. Eu vou, justamente, ajudá-lo. Já vi que o senhor está mesmo disposto; justiça seja feita.

— Como? – perguntou o tatu com um brilho de esperança nos olhos. — A senhora tem uma espada para me emprestar?

— Justo eu? – espantou-se a cobra. – Não! Claro que não! Eu não tenho uma espada, mas tenho senso de justiça e uma justa boa vontade; e isso é justamente o que importa. Veja bem! Se eu me desajustar, me desenrolar e ficar bem esticada e bem durinha, o senhor pode pendurar-me justo na cintura que eu fico igualzinha a uma espada. Ninguém vai notar a diferença. E o senhor será, com toda a justiça, nomeado cavaleiro e chamado de Dom Tatu, o Justo. Sim senhor! Dom Tatu, o Justo!

— Tem razão! – concordou o tatu e foi logo pegando a cobra e pendurando-a na cintura, com um cipó servindo de cinturão. Ficou tal e qual uma espada de verdade e o tatu era todo sorrisos.

—Vamos embora! Agora que eu tenho armadura, montaria, escudeiro e espada, o Rei será obrigado a nomear-me cavaleiro. Enfim, haverá justiça para os fracos e oprimidos!

E lá se foi o estranho grupo formado pelo tatu, montado no porco, com uma cobra esticada e pendurada na cintura, seguido pelo macaco.

E o tatu, com sua estranha comitiva, continuou seguindo pela mata em busca do Rei.

Mais adiante, encontraram um jabuti e o tatu foi logo berrando com sua autoridade de cavaleiro da justiça:

— Sai daí, seu moleirão!

O jabuti olhou desconsolado e, vendo o tatu lá no alto, balançou a cabeça em sinal de desaprovação e começou a cantar com a boca bem mole e de modo bastante preguiçoso:

Devagar vou aonde quero,
devagar, não tenho pressa.
Chegar longe assim espero,
mesmo que demore à beça.

Ai ai! Ai ai!
Lá em cima eu não vou!
Ai ai! Ai ai!
Fico mesmo é onde estou!

O importante é estar no chão,
onde a vida é mais segura.
Ninguém me convence, não,
a subir qualquer altura.

Ai ai! Ai ai!
O que sobe sempre desce.
Cai, cai, cai, cai!
E o medo sempre cresce.

O tatu já se mostrava irritado.

— Sai da frente, animal estúpido! Não vê que eu estou a caminho para ver o Rei, para que ele me nomeie cavaleiro?

O jabuti pareceu não se impressionar muito. Saiu bem devagarinho para o lado e observou, como que na dúvida:

— E pode?

— Claro que pode, seu idiota! Pode, não! Deve! O Rei será obrigado, uma vez que eu já tenho armadura, montaria, escudeiro e espada. Quem é o rei para não atender a um cavaleiro assim importante? Os oprimidos esperam pelo meu braço forte para lhes devolver a dignidade e a honra usurpadas pelos tiranos opressores!

— Mas... – começou o jabuti.

— Mas o quê? – gritou o tatu. — Que falta de respeito é essa?

— Onde está o seu escudo? – perguntou o jabuti sem se abalar.

— Escudo? Do que você está falando, seu pateta?

— Posso até ser pateta – concordou o jabuti –, mas eu sei o que é um escudo e garanto que, sem escudo, o Rei não vai nem o receber. É isso aí! Não vai mesmo!

— E como posso ter uma coisa que nem sei o que é? – perguntou o tatu, agora já um tanto choroso. — E, pior ainda, onde conseguir um?

— Ora! – respondeu o outro. — Fique calmo! Escudo é uma espécie de bandeja que o cavaleiro segura na frente para se proteger dos golpes do inimigo.

Desta vez o tatu rompeu em pranto.

— Então eu não posso ser cavaleiro. Eu tenho armadura, montaria, escudeiro e espada, mas escudo eu não tenho. O mundo ficará sem as minhas façanhas, perderá o maior cavaleiro de todos os tempos! E os oprimidos serão cada vez mais oprimidos sem ter quem os defenda. Pobre mundo! Eu choro pelas dores que terás que sofrer sem ninguém que te socorra! Que será de ti, mundo infeliz?!

O jabuti ficou muito penalizado e tremeu o queixinho ameaçando chorar também.

— Estou com pena do mundo, Senhor Tatu. E não será por falta de escudo que ele perderá um justiceiro de tanto valor. Eu serei o seu escudo, mas, por favor, tenho muito medo de altura e peço que não me segure muito alto senão eu desmaio. E vê se pára de me ofender!

— Não mais o ofenderei – concordou o tatu já refeito e sem lágrimas. — Você agora é parte de minha comitiva e isso é a coisa mais importante do mundo. Vamos embora! Que tremam os maus porque eis que está chegando Dom Tatu, o Justo, o maior de todos os cavaleiros!

Enquanto isso... lá no fundo da mata...

O Rei, que era um gato-do-mato sábio e bondoso, estava numa clareira, perto de um grande pé de jatobá, sentado num trono de pedra e rodeado por todos os que vinham ali buscar justiça e proteção. As onças da guarda real estavam enfileiradas, num dos lados, dando segurança e impondo respeito. Havia um número enorme de bichos na clareira e todos juntos cantavam:

Hip! Hurra! Viva o Rei!
Grande e sábio governante,
guardião da nossa lei,
que nos guia a todo instante.

Alimenta a quem tem fome,
dá consolo ao sofredor.
Exaltamos o teu nome,
para louvar teu valor!

Salve! Salve! Majestade!
Salve! Salve! Nobre amigo!
Viva por toda a eternidade
e que DEUS seja contigo.

Nossa mata é sossegada.
Ninguém desrespeita a lei.
Porque toda a bicharada
obedece ao nosso Rei.

É por isso que cantamos,
todos juntos num coral.
E bem alto nós gritamos:
nosso Rei é o maioral!

Salve! Salve! Majestade!
Salve! Salve! Nobre amigo!
Viva por toda a eternidade
e que DEUS seja contigo.

Os bichos cantavam distraídos quando Dona Araponga, que era a chefe do cerimonial e encarregada de anunciar quem chegava, chamou a atenção de todos:

— Toim! Toim! Toim! Atenção!!

A bicharada calou-se e a araponga, com seus modos assim cheios de salamaleques, continuou:

— O Senhor Tatu, catibiribu, seramatutu de firififu, junto com o Senhor Cateto, catibiribeto, seramatuteto de firififeto e o Senhor Macaco, catibiribaco, seramatutaco de firificaco, acompanhado do Senhor Jabuti, catibiribi, seramatuti de firififi e mais a Senhora Cobra, catibiribobra, seramatutobra de firififobra, pedem audiência ao nosso muito amado Rei!

E o grupo foi entrando na clareira onde o Rei dava audiência.

O tatu, com a cobra muito esticada pendurada na cintura, vinha montado no porco e trazia o jabuti

35

seguro na frente do peito como se fosse um escudo. Atrás dele, fazendo macaquices, vinha o macaco.

As onças tomaram posição para proteger o Rei e este logo perguntou em voz alta:

— Que vem a ser isso, Senhor Tatu? Quer se explicar, fazendo o favor?

O tatu, sem apear do porco, o intimou:

— Sou Dom Tatu, o Justo, e quero ser nomeado cavaleiro para que possa ir pelo mundo distribuindo justiça e punindo os culpados, protegendo os fracos e combatendo pela causa do bem! Vim de muito longe, preparando-me e adquirindo o necessário pelo caminho! Agora já estou equipado e pronto! Nada mais há que me ser exigido! Tenho pressa de partir pelo mundo para mostrar o meu valor e cumprir a missão de salvar o que ainda pode ser salvo da sanha dos malfeitores!

O rei ficou pensativo.

— Rápido, Majestade! — emendou o tatu. — O meu tempo é muito precioso e o mundo espera pelos meus serviços. Minhas façanhas serão contadas nos mais distantes confins da Terra e meu nome será lembrado como o do mais nobre, corajoso e justo de todos os cavaleiros. Tenho tudo o que um cavaleiro precisa ter. Tenho armadura, montaria, espada, escudo e escudeiro. Estou pronto e intimo-o a que proceda à cerimônia sem mais demora.

Houve um princípio de agitação por parte da bicharada, e o rei ergueu a pata impondo silêncio.

— Senhor Tatu — disse ele por fim —, vejo que o senhor veio se preparando e reconheço que, materialmente, está bem equipado...

— Então, Majestade! — gritou o tatu, interrompendo o Rei sem a menor educação. — Não me faça perder mais tempo!

Um grande vozerio tomou conta do lugar e alguns bichos até foram saindo de mansinho, com medo das consequências daquela falta de respeito pelo Rei.

O rei levantou a pata novamente e as onças da guarda desembainharam as garras e arreganharam os dentes, fazendo com que o tatu se encolhesse todo.

— Deixe-me concluir – pediu o Rei. — Eu disse que, materialmente, o senhor está bem equipado; mas isso ainda não lhe garante o direito de ser um cavaleiro. Precisa de alguma coisa mais.

— Mas, Majestade – argumentou o tatu –, eu tenho armadura, montaria, espada, escudo e esc...

— Silêncio! – ordenou o Rei. — O senhor já está passando dos limites, senhor Tatu!

O tatu encolheu-se novamente e ficou bem quietinho, deixando que o rei continuasse.

— Como eu ia dizendo, todas essas coisas são importantes, mas não são as mais importantes. O senhor se esqueceu das qualidades morais. Faltam--lhe altruísmo, nobreza de propósito, gratidão, humildade e muitas outras virtudes. O senhor é mal--educado e pretensioso. Valendo-se de um atributo que Deus lhe deu, que é a sua armadura, o senhor foi espalhando a notícia de sua intenção de ajudar o próximo e conseguindo simpatias e ajuda ao longo do caminho; mas, enquanto os outros se humilhavam e se sacrificavam para servi-lo, o senhor ia se tornando cada vez mais arrogante e vaidoso. Por quê? Tudo o que o senhor acha que é seu, na verdade, lhe foi dado por Deus para ser usado em benefício da sua evolução, mas o senhor usa esses bens para cultivar o egoísmo e a vaidade, dizendo que é tudo para ajudar o próximo. Que pena, Senhor Tatu! Isso é um tremendo equívoco. No fundo, no fundo, o senhor é um grande egoísta orgulhoso!

— Eu? – protestou o tatu.

— Sim! – garantiu o Rei. — Olhe para seus amigos. O Senhor Macaco sacrificou a liberdade para colocar-se sob suas ordens; o Senhor Cateto abriu mão da vida folgada para carregá-lo no lombo; Dona Cobra, que gosta de viver enroladinha, enroladinha, está aí, toda esticada, só para servir-lhe de espada; e o Senhor Jabuti, que tem muito medo de altura, está aí, todo treme-treme, mas não desiste e esforça-se para ser-lhe útil. Estão todos lhe prestando ajuda com a maior boa vontade e eu sou capaz de garantir que o senhor nunca lhes disse um "muito obrigado".

Não é verdade?

O tatu ficou muito surpreso.

— E precisava?

— Claro! – afirmou o Rei. — Um verdadeiro cavaleiro é nobre em suas atitudes e jamais se comportaria como um... como um... como um tatu igual ao senhor! Agora faça o favor de apear do Senhor Cateto, soltar o senhor Jabuti, desamarrar a Senhora Cobra e liberar o Senhor Macaco. Eu quero que eles fiquem aqui comigo, trabalhando e servindo de exemplo. Vou aproveitá-los para formar o meu ministério. O Senhor Cateto será o Ministro dos Transportes; o Senhor Jabuti, Ministro da Defesa; o Senhor Macaco, Ministro das Diversões e a Senhora Cobra, Ministra da Justiça. Está decidido! Quanto ao senhor... Bem... O senhor ficará aqui, comigo, à disposição de quem precisar, cumprindo as tarefas que lhe forem ordenadas. Quem sabe assim o senhor aprende a servir e adquire um pouco de humildade? O senhor não merece, eu sei, mas quero dar-lhe uma outra chance. Pode parecer duro, humilhante, mas um dia o senhor ainda vai agradecer-me.

E o tatu, muito envergonhado, obedeceu ao Rei e ficou ali trabalhando e descobrindo por que o Senhor Gato-do-Mato era o Rei. Viu o quanto ele era sábio, justo, bondoso e educado.

Com o passar do tempo, o Senhor Tatu foi melhorando e evoluindo, a ponto de o Rei confiar-lhe tarefas importantes, em lugares muito distantes e com uma certa frequência.

Um dia, no cumprimento de uma dessas missões, o Senhor Tatu foi abordado pela Dona Garça que, além de muito elegante, era ainda bastante sabida.

— Senhor Tatu! Chegue aqui perto de mim que eu quero dar-lhe um conselho.

O tatu aproximou-se.

— Pois não, Dona Garça. Estou ao seu inteiro dispor.

— Hum! Hum! Que tatu mais bem-educado! — observou Dona Garça. — Não é sempre que se vê um tatu assim. Um verdadeiro cavalheiro. E, por falar em cavalheiro, é sobre isso que eu quero aconselhá-lo. O senhor tem uma bonita armadura e não a está usando adequadamente. Por que o senhor não procura o Rei e lhe pede para ser um cavaleiro? Não é uma boa ideia? Hein? Não é? Não é?

— A ideia é muito boa, Dona Garça — respondeu o tatu —, e eu lhe sou muito grato por ela. Isso demonstra que a senhora é boa observadora e muito bem-intencionada, mas eu não desejo ser um cavaleiro. Além do mais, estou muito ocupado e não tenho tempo para pensar nessas coisas.

— Ocupado? O que é que o senhor faz?

— Eu cavo a terra e construo moradias para os desabrigados da última enchente. São tantos que tão cedo não estarei livre para mais nada!

— Ora, Senhor Tatu! Faça-me o favor! Isso não é trabalho para o senhor! O senhor está destinado a missões mais nobres! Além do mais, esse problema é do rei. Ele que mande alguém cuidar disso.

— Missões mais nobres? – admirou-se o tatu. — E existe alguma coisa mais nobre do que ajudar os desabrigados, os que estão sem uma casa para morar? Desculpe-me, Dona Garça, mas a senhora está muito enganada. A única coisa que nos enobrece é ajudar o próximo. O resto é vaidade boba. E, além do mais, nosso Rei é muito sábio e sempre entrega os assuntos a quem tem condições de resolvê-los. Ele já está tratando do problema. Tanto isso é verdade que mandou Dona Saracura Três Potes cuidar dos desabrigados e ordenou-me que cavasse, tanto quanto minhas forças aguentassem, para construir-lhes novas moradias. Agora, com sua licença, eu tenho de partir. O trabalho me espera e, com ele, a maior de todas as alegrias, que é ver a felicidade estampada na face de quem recebe uma casa após passar dias e dias desabrigado. Adeus, Dona Garça! De qualquer forma, obrigado pelo interesse.

E o tatu saiu apressado.

A garça ficou olhando-o até que desaparecesse no mato, depois deu um sorriso e comentou com seus botões:

— O Rei estava certo quando me pediu para fazer esse teste com o Senhor Tatu. Como ele mudou! Agora é, realmente, um grande cavaleiro; talvez até o maior de todo este reino.

E, dizendo isso, a garça levantou voo cantando:

Nossa maior alegria,
neste mundo que é de Deus,
está no amor que Ele irradia
abençoando os filhos Seus.

Dê-me forças, oh! Senhor!
E também boa vontade,
para espalhar o Seu amor
em forma de caridade.

Este mundo é tão bonito,
mas pode ser inda mais,
se socorrermos o aflito,
e aliviarmos seus ais.

Vamos assim dar as mãos.
Vamos todos trabalhar.
Ser amigos, bons irmãos.
Vamos todos nos amar!

E, assim cantando, Dona Garça foi sumindo, sumindo, sumindo, no imenso azul do céu!

Para pensar

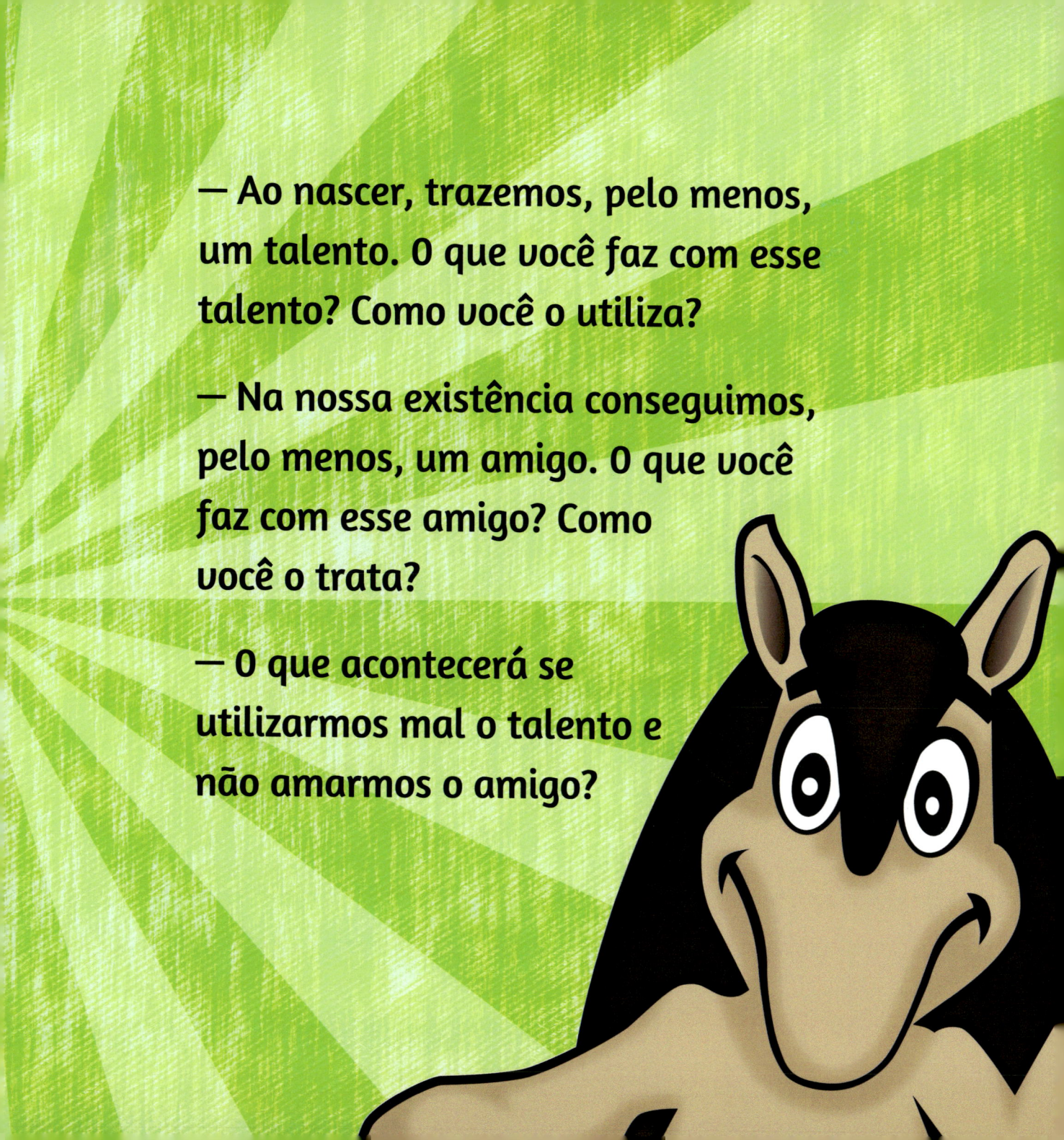

— Ao nascer, trazemos, pelo menos, um talento. O que você faz com esse talento? Como você o utiliza?

— Na nossa existência conseguimos, pelo menos, um amigo. O que você faz com esse amigo? Como você o trata?

— O que acontecerá se utilizarmos mal o talento e não amarmos o amigo?

Mensagem final

Na historinha que acabou,

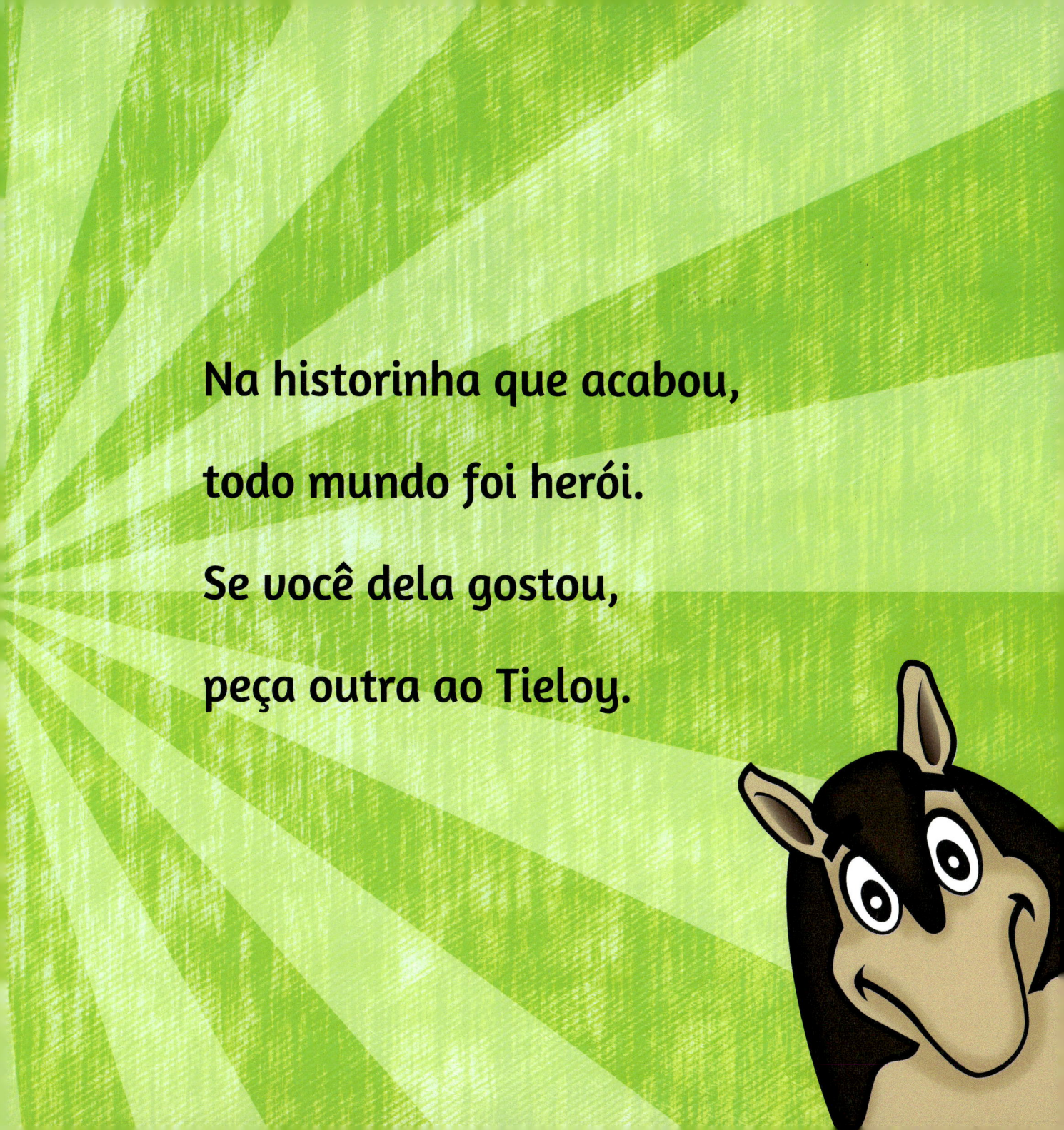

todo mundo foi herói.

Se você dela gostou,

peça outra ao Tieloy.

Conselho Editorial:
Antonio Cesar Perri de Carvalho - Presidente

Coordenação Editorial:
Geraldo Campetti Sobrinho

Produção Editorial:
Rosiane Dias Rodrigues

Revisão:
Rosiane Dias Rodrigues

Capa:
João Guilherme Andery Tayer

Projeto Gráfico e Diagramação:
João Guilherme Andery Tayer

Ilustrações:
Andréia Hecksher

Normalização Técnica:
Biblioteca de Obras Raras e Documentos Patrimoniais do Livro

Esta edição foi impressa pela Lis Gráfica e Editora Ltda., Bonsucesso, SP, sendo tirados 1 mil exemplares, todos em formato fechado de 210x210 mm. Os papéis utilizados foram o Couché Brilho 115 g/m2 para o miolo e o cartão Supremo 300 g/m2 para a capa. O texto principal foi composto em fonte Amaranth 16/23.